LISTE

DES ÉCRITS IMPRIMÉS

DE M. HENRI LEPAGE [1]

I.

OUVRAGES AYANT FAIT L'OBJET DE PUBLICATIONS SPÉCIALES [2].

Histoire de Nancy. 1 vol. in-8°. 1838.

Calendrier lorrain ou tableau sommaire des événements relatifs à l'histoire de Lorraine, correspondant à chaque jour de l'année. Br. in-8°. 1841.

[1] Amédée-Aimée-Henri Lepage, né à Amiens le 3 septembre 1814 (fils d'Antoine-Denis, originaire de Paris, et de Marguerite-Thérèse, fille de Dominique Bontoux, libraire à Nancy); — archiviste du département de la Meurthe (février 1846); président de la Société d'Archéologie lorraine (depuis novembre 1850) et du Comité du Musée historique lorrain; correspondant du Ministère de l'Instruction publique pour les travaux historiques (1845), puis du Comité des travaux historiques et des Sociétés savantes; membre titulaire (1847-1855), puis associé de l'Académie de Stanislas; correspondant de plusieurs Sociétés savantes françaises et étrangères; chevalier de la Légion d'honneur, des ordres de François-Joseph (Autriche) et de Guadalupe (Mexique); lauréat de l'Institut et du Concours des Sociétés savantes.

[2] Voy. p. 15 la liste des ouvrages qui ont obtenu des récompenses à l'Académie des Inscriptions.

Liverdun. Notice historique. Br. in-8°. 1842.

Fleurs lorraines (nouvelles et romans historiques). 2 vol. in-18. 1842.

Le Département de la Meurthe, statistique historique et administrative. 2 vol. grand in-8°. 1843.

Le Département des Vosges, statistique historique et administrative. 2 vol. grand in-8° (le 2ᵉ vol.). 1845.

Médaille au concours du prix de statistique (Académie des Sciences), en 1850. — Médaille d'argent de la Société française de Statistique universelle, en 1845. — Médaille d'or de la même Société, en 1847.

La ville de Nancy et ses environs. 1 vol. in-18. 1844.

Le général Drouot, sa mort, ses funérailles. — Le général Drouot (notice biographique). Br. in-8°. 1847.

Lettres sur l'histoire de Lorraine. Br. in 8°. 1848.

1846-48. Almanach statistique, historique et administratif de la Meurthe, renfermant plusieurs dissertations historiques et des articles biographiques.

Les Chartreuses de Sainte-Anne et de Bosserville. Br. in-8°. 1851.

Histoire de la relique de saint Sigisbert, déposée en l'église Cathédrale de Nancy. Br. in-8°. 1851.

Les Communes de la Meurthe, journal historique des villes, bourgs, villages, hameaux et censes de ce département. 2 vol. grand in-8°, de 800 p. chacun, à 2 colonnes (petit texte). 1853.

La Galerie des Cerfs et le Musée lorrain. In-18. 1856.

Archives communales et hospitalières de la Meurthe. 1. vol. in-8°. 1858.

Dictionnaire topographique du département de la Meurthe. 1 vol. in-4° (imprimerie impériale). 1862.

Prix au Concours des Sociétés savantes, institué par le Ministère de l'Instruction publique. 1861.

Inventaire des Archives départementales de la Meurthe. 1 vol. in-8°. 1855-1864.

Les Archives de Nancy, ou documents inédits relatifs à l'histoire de cette ville. 4 vol. grand in-8°. 1865-1866.

Promenade dans Nancy et ses environs. In-18. 1866.

1849-1866. Annuaire de la Meurthe (en collaboration avec M. Grimblot, puis avec M. Grosjean).

Dissertations historiques insérées dans l'Annuaire :

1851. De la dépopulation de la Lorraine au xviie siècle. 48 p.

1852. La Chapelle de Bon-Secours ou des Bourguignons. 21 p. — *Tiré à part.*

1853. Notice sur quelques établissements de l'ordre de Saint-Jean-de-Jérusalem, situés en Lorraine. 64 p. — *Tiré à part.*

1854. Recherches historiques sur la température. 54 p.

1855. Des tournois en Lorraine et dans le pays Messin. 33 p.

Notes pour servir à l'histoire de l'industrie séricicole en Lorraine. 9 p.

1856. Notice historique sur les voitures publiques en Lorraine. 45 p.

1857. Une procédure de sorciers au xvie siècle. 38 p.

1858. Recherches sur l'ancienne population de la Lorraine. 20 p.

Une Coutume du carnaval en Lorraine. 11 p.

1865. Rétablissement de la Faculté de droit de Nancy (historique de cette Faculté). 35 p.

II.

PUBLICATIONS FAITES DANS DES JOURNAUX, REVUES LITTÉRAIRES, OU RECUEILS ACADÉMIQUES [1].

Journal de la Meurthe.

Les premiers articles insérés dans ce journal datent de la fin de 1835 ; poésie à part, ils s'appliquent à presque tous les genres littéraires : critique théâtrale et artistique ; comptes rendus d'expositions ; biographies ; études de mœurs provinciales ; nouvelles

[1] J'aurais dû, pour suivre un ordre chronologique rigoureux, assigner à ces publications le premier rang dans la liste de mes écrits imprimés ; elles sont, en effet, les premières en date ; mais, outre qu'elles ont, pour la plupart, une importance et une valeur très-secondaires, elles se sont, en quelque sorte, continuées jusqu'à ce jour par l'insertion d'articles, plus sérieux, il est vrai, dans le Journal de la Société d'Archéologie lorraine.

et romans ; politique ; bibliographie ; histoire ; variétés ; chroniques locales ; etc., etc.; productions éphémères et depuis longtemps oubliées, dont la collection formerait pourtant plusieurs volumes. Un certain nombre de ces articles ont été *composés* (typographiquement parlant) sans avoir été écrits [1].

Les seuls qui aient peut-être quelque intérêt sont les feuilletons qui contiennent des romans ou nouvelles historiques. Les meilleurs, ou les moins mauvais, si l'on veut, ont été rassemblés dans les deux volumes intitulés : *Fleurs lorraines*, mentionnés précédemment. Ceux qui n'ont pas été admis à l'honneur d'y trouver place, formeraient au moins un troisième volume.

Il faut ajouter à la partie historique deux lettres adressées, en 1849, au rédacteur du journal à l'occasion de la réintégration de la statue du duc Antoine sur la porterie du Palais ducal.

Le Littérateur lorrain.

1835-1837. Chroniques et légendes historiques (entr'autres, la Vierge au pied d'argent, légende touloise ; et Les deux filles du sonneur de cloches de Saint-Epvre, chronique nancéïenne) ; études de mœurs provinciales; bulletins littéraires ; romans , etc.

L'Espérance, courrier de Nancy.

Notices historiques ; articles bibliographiques ; comptes rendus d'expositions, etc.

Moniteur de la Meurthe.

Histoire ; bibliographie; courriers de Nancy ; articles de diverses natures.

[1] L'auteur fut compositeur d'imprimerie de la fin de 1832 à 1842.

1848. Études sur le théâtre en Lorraine et sur Pierre Gringore. 161 p.

1849. Explication de quelques sujets de la peinture murale de l'église Saint-Epvre, à Nancy. 17 p.

Sur l'époque de la construction de l'église de Munster (Meurthe). 7 p.

Recherches sur l'industrie en Lorraine et principalement dans le département de la Meurthe. Chapitre Ier. Des Verreries. 57 p.

1850. Considérations générales sur l'histoire de Lorraine, discours prononcé dans la séance publique séculaire, du 6 septembre 1850, en présence du Congrès scientifique de France. 21 p.

Le château d'Amance. 13 p.

Recherches sur l'industrie, etc. Chapitre II. Des Papeteries. — Chapitre III. De la fabrication des cartes à jouer. 105 p.

1851. Recherches sur l'industrie, etc. Chapitre IV. De l'exploitation des mines. 200 p.

1852. Jeanne d'Arc est-elle Lorraine ? 1re dissertation. 51 p. — *Tiré à part.*

1853. Réponse à MM. Morey, l'abbé Marchal et de Saint-Vincent, à l'occasion de leur réception à l'Académie. 10 p.

1854. Jeanne d'Arc est-elle Lorraine ? 2e dissertation.
91 p. — *Tiré à part.*

Discours prononcé sur la tombe de M. Braconnot. 3 p.

Congrès scientifique de France, xviie session, tenue à Nancy
en septembre 1850.

Coup-d'œil sur l'histoire des corporations d'arts et métiers dans la Lorraine, le Barrois et les Trois-Évêchés (travail complété dans l'Annuaire de 1866). 66 p.

Allocution prononcée lors de l'inauguration de la statue du duc Antoine.

Bulletins de la Société d'Archéologie lorraine.

1850. Notice sur des découvertes faites à Fraquelfing et à Lorquin. 8 p.

Archéologie religieuse. Réponse aux questions adressées, le 14 août 1847, par M. le Ministre de l'Instruction publique, aux correspondants de son ministère pour les travaux historiques. 34 p.

Le Palais ducal de Nancy, 32 p.

L'insigne église collégiale Saint-Georges de Nancy. 203 p.

1851-52. Mansuy Gauvain, biographie artistique. 10 p.

1853. Le Palais ducal de Nancy (complément du travail mentionné précédemment). 188 p. — *Tiré à part.*

1854. Quelques notes sur des peintres lorrains des xve, xvie et xviie siècles. 100 p. — *Tiré à part.*

1855. L'Abbaye de Clairlieu, ordre de Citeaux. 119 p.

Notice sur Jean Lud et Chrétien, secrétaires du duc de Lorraine René II. 40 p.

1856. Un dernier mot sur cette question : Jeanne d'Arc est-elle Lorraine ? 14 p. — *Tiré à part.*

Recherches sur l'origine et les premiers temps de Nancy. 90 p. — *Tiré à part.*

1857. André des Bordes, épisode de l'histoire des sorciers en Lorraine. 51 p., avec un *fac-simile* de l'écriture d'André des Bordes. — *Tiré à part.*

Le Trésor des Chartes de Lorraine. 182 p. — *Tiré à part.*

1858. Le livre des Enquéreurs de la cité de Toul. 72 p.

Mémoires de la Société d'Archéologie.

1859. L'Abbaye de Bouxières. 163 p. — *Tiré à part.*

Commentaires sur la Chronique de Lorraine, au sujet de la guerre entre René II et Charles-le-Téméraire. 121 p. — *Tiré à part.*

1860-61. Dictionnaire géographique de la Meurthe, avec une carte du département au xe siècle. 312 p. — *Tiré à part.*

Mention très-honorable (en 1861) au concours ouvert entre les Sociétés savantes des départements, en exécution de l'arrêté ministériel du 25 janvier 1860.

1862. Le Bienheureux Bernard de Bade. 32 p. — *Tiré à part.*

Cinq chartes inédites de l'abbaye de Bouxières. 28 p. — *Tiré à part.*

Dombasle, son château, son prieuré, son église. 26 p. — *Tiré à part.*

1863. Une famille de sculpteurs lorrains (les Drouin). 48 p. — *Tiré à part.*

Sur un ancien Pouillé du diocèse de Toul. 141 p. — *Tiré à part*, pour servir d'introduction au Pouillé. (Voy., ci-après, dans le Recueil de documents publié par la Société d'Archéologie.)

Du passé, du présent et de l'avenir du Musée lorrain, discours prononcé à la séance d'inauguration de la Galerie des Cerfs, le 20 mai 1862. 24 p.

1864. Sur le Vœu de la ville de Nancy à Notre-Dame de Bon-Secours. 18 p. — *Tiré à part.*

Sur la date de la mort d'Antoine de Lorraine, comte de Vaudémont. 5 p.

Journal de la Société d'Archéologie lorraine.

1852. Lettre au rédacteur du *Moniteur de la Meurthe* au sujet de la création du Musée lorrain.

Allocution prononcée sur la tombe de M. le comte Albert de Rutant.

Notice sur quelques peintures à fresque découvertes dans l'église de Laxou (Meurthe). 9 p.

Sur l'origine et le véritable nom de la Croix-Gagnée, 3 p.

Notice sur le village de Morville-sur-Seille. 10 p.

Notes pour servir à l'histoire de la Cathédrale de Toul. Inventaire des reliques, et ornements de cette église, etc. 19 p.

1853. Le Médaillier de Saint-Urbain. 8 p.

Note sur le peintre Claude Jacquard. 3 p.

Nouvelles notes pour servir à l'histoire de la Cathédrale de Toul. 7 p.

Rôle des habitants de Nancy en 1551-1552. 68 p. — *Tiré à part.*

1854. Inventaire du trésor de l'église de Saint-Nicolas-de-Port. 30 p.

Le droit du seigneur. 2 p.

Dialogue de Jean Lud. 56 p. — *Tiré à part.*

1855. Sur le droit d'asile en Lorraine. 11 p.

Les Rois des Ribauds du duché de Lorraine. 8 p.

Notice sur Émond du Boullay, héraut d'armes de Lorraine. 12 p.

Notes sur le graveur Claude-Augustin Saint-Urbain, le mécanicien Philippe Vayringe, le sculpteur Charles Chassel et Jacques Callot. 10 p.

Charles Herbel, peintre et héraut d'armes de Lorraine. 5 p.

Extrait du compte du trésorier général de Lorraine pour

l'année 1580 (composition de la maison du duc Charles III). 14 p.

Note sur la chape dite de Charlemagne, conservée à la Cathédrale de Metz. 5 p.

1856. Note pour servir de complément aux inventaires du trésor de l'église de Saint-Nicolas-de-Port. 2 p.

Le lundi gras à l'abbaye de Lisle-en-Barrois. 7 p.

Matricule ou cathalogue de tous les confrères de la congrégation Nostre-Dame érigée au collége des R. P. Jésuites de Nancy. 3 p.

Claude Jacquard. La coupole de la Cathédrale de Nancy. 7 p.

Sur le lieu de naissance de Claude de Lorraine, premier duc de Guise, 3. p.

Claude Charles, peintre ordinaire de Léopold et héraut d'armes de Lorraine. 11 p.

Procession commémorative de la veille des Rois, à Nancy. 5 p.

État des effets appartenant à la Maison de Lorraine, sous la responsabilité des ci-devant Cordeliers de Nancy. 2 p.

1858. Catalogue de la bibliothèque du duc de Lorraine Henri II. 16 p.

Jean Bleyer de Bariscord, peintre lorrain, 3 p.

Journal de l'entrée de l'empereur Maximilien Ier à Toul. 8 p.

Diplôme inédit du roi Arnou. 3 p.

Note sur un manuscrit d'Émond du Boullay. 2 p.

La ban-cloche de Toul. 15 p.

Les Cadets-Dauphin (de Toul) et la médaille du papegai. 7 p.

Nicolas Briot, graveur des monnaies du duc de Lorraine Henri II. 15 p. — *Tiré à part.*

1859. Sur quelques artistes lorrains du xve siècle. 2 p.

Les Archives du Notariat, à Nancy. 40 p. — *Tiré à part.*

Lettres de noblesse du peintre Nicolas Dupuy. 2 p.

1860. Le dernier roi des Ribauds du duché de Lorraine. 3 p.

Lettres patentes conférant l'ordre de chevalerie à Symphorien Champier. 2 p.

Jean Mansuy l'imagier. 1 p.

Étude biographique et bibliographique sur Symphorien Champier, d'après M. Allut. 12 p.

1861. Mémoire d'ouvrages faits au château de Lunéville par le peintre Charles-Louis Chéron. 4 p.

1862. Petites trouvailles archéologiques et historiques. 13 p.

Jugement arbitral rendu par saint Louis. 3 p.

Le château d'Haroué. 8 p.

Notes sur le peintre Philippe Lamoureux. 4 p.

Les Archives de la Cour impériale de Nancy. 19 p. — *Tiré à part.*

1863. Histoire du prieuré de Lay-Saint-Christophe, par Dom Augustin Calmet. 45 p. — *Tiré à part.*

Placard aux armes de Pont-à-Mousson. 2 p.

1864. Documents inédits sur les peintres Charles Marote et Jean Chamant. 3 p.

Aug. Digot (discours et notice biographique). 20 p. — *Tiré à part.*

1865. Mémoire d'ouvrages faits pour le duc Léopold par le peintre Gobert. 2 p.

Pierre Gringore. 16 p. — *Tiré à part.*

La Commanderie de Saint-Jean-du-Vieil-Aître. 18 p. — *Tiré à part.*

1866. Note sur la sépulture du cardinal Charles de Lorraine et de quelques autres personnages à la Primatiale de Nancy. 10 p.

Recueil de documents sur l'histoire de Lorraine, publiés par
la Société d'Archéologie.

1855. Discours des cérémonies et autres choses qui se passèrent à la conduicte de Madame Yoland de Lorraine et au festin des nopces d'elle et de Guillaume, landgrave de Hessen, en l'an m.cccc.xcvij. 20 p.

Rapport et procès-verbal de Monsieur Bournon, président en la court des Grands-Jours de Sainct-Mihiel, faict et représenté à Son Altesse en conseil, au mois de juin mil six cens et ung, de ce qui s'est passé en l'an mil cinq cens et septante touchant les régales du Barrois. 41 p.

Extrait des comptes du receveur général de Lorraine, relatifs à la seconde guerre entre René Ier et Antoine de Vaudémont. 30 p.

Discours sur une question, sçavoir si Monseigneur (le duc Charles III) est tenu confirmer à la noblesse les lettres de priviléges octroyées par Messeigneurs les prédécesseurs de mondict seigneur. 16 p.

Discours sur la souveraineté du duché de Lorraine, avec une exhortation à Monseigneur. 13 p.

Avertissement et instruction pour la souveraineté du duché de Lorraine. 16 p.

1856. Relation de la guerre des Rustauds, par Nicole Volcyr, éditée en collaboration avec MM. l'abbé Marchal, Aug. Digot et Louis Lallement. 1 vol.

1858. Inventaire des titres de Lorraine enlevés de La Mothe. 1 vol. (Introduction à ce volume ; direction de l'impression et arrangement des tables.)

1861. Documents inédits sur la guerre des Rustauds. 1 vol.

1863. Pouillé du diocèse de Toul, rédigé en 1402, publié d'après la copie conservée à la Bibliothèque impériale. 1 vol.

1864. Lettres et instructions de Charles III, duc de Lorraine relatives aux affaires de la Ligue. 1 vol.

Travaux de la Société d'Émulation du Jura.

1854. Cérémonies observées à l'enterrement de Philibert de Chaalons, prince d'Aurenges (Orange), inhumé en l'église Saint-François à Lons-le-Saulnier, lequel, en eage de vingt-huit ans et demy, très-victorieusement trespassa... devant Florence, etc.

III.

OUVRAGES ENVOYÉS A L'ACADÉMIE DES INSCRIPTIONS, ET QUI ONT MÉRITÉ DES DISTINCTIONS AU CONCOURS DES ANTIQUITÉS DE LA FRANCE.

—

1852. L'insigne église collégiale Saint-Georges. — Histoire de la relique de Saint-Sigisbert. — Le Palais ducal de Nancy, etc.

Mention honorable.

1853. Statistique de la Meurthe. — Statistique des Vosges. — Jeanne d'Arc est-elle Lorraine ?

Mention très-honorable.

1854. Des corporations de métiers dans la Lorraine, le Barrois et les Trois-Évêchés. — Notes sur des peintres lorrains des xve, xvie et xviie siècles.

Mention honorable.

1855. Les Communes de la Meurthe. — Rôle des habitants de Nancy en 1851-1852.

Second rappel de mention très-honorable.

1857. Recherches sur l'origine et les premiers temps de Nancy.

Second rappel de mention très-honorable.

1858. Le Trésor des Chartes de Lorraine.

Mention très-honorable.

1859. Les Archives de Toul, inventaire et documents.

Mention honorable.

1860. L'Abbaye de Bouxières. — Commentaires sur la Chronique de Lorraine.

Mention très-honorable.

1861. Dictionnaire géographique de la Meurthe.

Mention honorable.

1864. Pouillé du diocèse de Toul.

Première médaille.

SAINT-NICOLAS, PRÈS NANCY. — IMP. DE P. TRENEL.